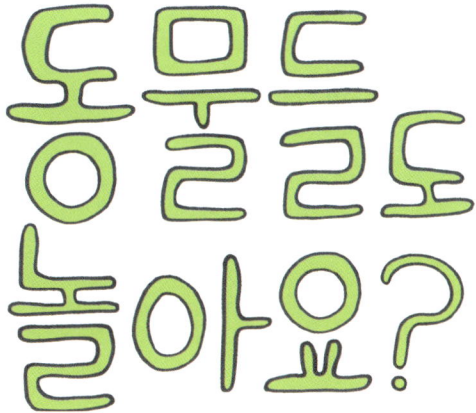

동물들도 놀아요?

서수연 글
이현주, 박상현, 백장미, 송해니, 김현정, 이슬예리 그림
장이권(이화여자대학교 자연사박물관 관장) 감수

리잼

머리말

우리 함께 놀아요!

　우리는 어린이, 어른 할 것 없이 "그만 놀고 공부해!", "그만 놀고 일합시다!"라는 말을 참 많이 듣습니다. 때로는 누군가가 "그만 놀아"라는 말을 하지 않아도 우리 스스로 다른 사람에게 뒤처지지 않기 위해 또는 해야 할 다른 일들이 많다는 이유를 대며, 노는 시간을 점점 줄여갑니다. 그리고 결국에는 여유 시간이 주어져도 무엇을 하며 놀아야 할지 한참을 주저하곤 합니다.

　이처럼 놀이는 언젠가부터 우리 사회에서 해야 할 일을 모두 한 뒤에, 시간이 남으면 해야 되는 하찮은 존재가 되고 말았습니다.

　많은 사람들이 스마트 폰, 텔레비전, 게임, 쇼핑 등에 중독돼 있다는 언론이나 미디어의 보도를 우리는 종종 접하게 됩니다. 현대인들이 위의 것들에 중독되는 이유가 뭘까요? 혹시 일상생활에서 겪는 불안함과 공허감을 떨쳐내고 즐거움과 위안을 줄 수 있는 놀이가 적어서이지 않을까요?

　이화여자대학교 자연사박물관에서 열렸던 <동물의 놀이> 기획전에는 관람객 자신이 주로 하는 '나의 놀이'를 작은 종이에 적어 보는 곳이 있었습니다. 유치원생과 초등 저학년 어린이들은 숨바꼭질, 레

고 조립, 병원놀이, 미끄럼 타기, 그네 타기, 인형놀이, 쫓기놀이 등을 '나의 놀이'로 많이 적었습니다. 반면 초등 고학년과 중·고등학생들은 몸을 움직여 함께 어울려 노는 놀이보다는 스마트폰과 컴퓨터로 하는 게임을 '나의 놀이'로 매우 많이 적었습니다. 또 '20대 이상'은 인터넷 쇼핑, 방에 누워 있기, 잠자기, 드라마 보기와 같은 행동들을 나의 놀이라고 적은 경우가 다수 있었습니다. 이를 통해 나이가 들수록 단순한 놀이를 즐기거나, 아예 놀지 않고 있다는 것을 알 수 있었습니다.

　『동물들도 놀아요?』는 〈동물들의 놀이〉 기획전을 담은 이야기입니다. 이 책에는 여러 동물의 다양한 놀이가 나옵니다. 여러분이 이 책을 읽고, 동물들이 야생 또는 사육환경에서 다양하게 놀 수 있도록 우리가 어떤 노력을 해야 할지 생각해 보길 바랍니다. 그리고 여러분도 '나의 놀이'를 다양하게 늘려가는 노력을 해 보길 바랍니다. 다양한 동물들이 우리랑 똑같이 놀면서 웃는 표정을 짓거나 웃음소리를 내며 즐거워하는 것처럼 여러분들도 다양한 놀이를 찾아 함께 놀고, 즐겁길 바랍니다.

2020년 봄, 이화여자대학교 자연사박물관 학예사 서수연

차례

머리말 우리 함께 놀아요! • 2

1장 동물들도 놀아요

사람 말고 다른 동물들도 놀아요? • 8
동물들의 놀이가 뭐예요? • 10
동물들은 언제 놀아요? • 12
동물들은 왜 놀아요? • 14
- <가설1> 놀면서 어른이 되는 준비를 해요 • 16
- <가설2> 사회생활을 잘하기 위해 놀아요 • 18
- <가설3> 환경 변화에 잘 대처하기 위해 놀아요 • 20
장난감을 갖고 놀아요_사물놀이 • 22
몸을 움직이며 놀아요_운동놀이 • 24
함께 놀아요_사회놀이 • 26
약속을 지키며 놀아요 그리고 놀이 표시를 해요 • 28

2장 영장류도 놀아요

영장류는 참 잘 놀아요 • 32
침팬지는 성별에 따라 다르게 놀아요 • 34
어른 보노보도 잘 놀아요 • 36
고릴라는 술래잡기를 해요 • 38
오랑우탄은 서로 놀이 얼굴을 따라 해요 • 40
다람쥐원숭이는 놀 때 내는 소리가 따로 있어요 • 42
일본원숭이는 눈싸움을 해요 • 44

3장
다른 포유류도 놀아요

돌고래는 물 도넛을 만들며 놀아요 • 48
수달은 미끄럼을 타며 놀아요 • 50
북극곰은 가을에 싸움놀이를 해요 • 52
코끼리는 코로 씨름을 해요 • 54
시궁쥐는 거친 신체놀이를 해요 • 56
캥거루는 권투를 하며 놀아요 • 58

4장
조류도 놀아요

새들도 놀아요 • 62
큰까마귀는 장난감을 만들어 놀아요 • 64
케아앵무는 자동차를 갖고 놀아요 • 66
어린 작은잿빛개구리매는 던지기 놀이를 해요 • 68
유럽재갈매기는 도전을 즐겨요 • 70

5장
파충류, 어류, 무척추동물도 놀아요

코모도왕도마뱀은 사육사와 줄다리기를 해요 • 74
하얀점시클리드는 온도계를 갖고 놀아요 • 76
무척추동물인 문어도 놀아요 • 78

6장
동물들도 잘 놀고 싶어요

몸과 마음이 아파요 • 82
노니까 병이 나았어요 • 84
동물 복지를 위해 노력해요 • 86
동물 복지를 위해 실천해요 • 88
동물 복지를 위해 생각해요 • 90

1장

동물들도
놀아요

사람 말고 다른 동물들도 놀아요?

고양이가 장난감을 갖고 놀아요

네! 맞아요. 동물들도 우리 사람처럼 놀지요.

여러분들도 본 적이 있을 거예요. 강아지들이 서로를 깨물고 툭툭 치면서 놀거나, 고양이가 장난감을 갖고 폴짝폴짝 뛰며 노는 모습을 말이에요. 그런데 강아지, 고양이 말고 누가 또 놀까요?

강아지가 공놀이를 해요

- 일반적으로 두뇌가 큰 동물이 놀아요.
- 집단을 이루며 사는 동물이 놀아요.
- 아무것이나 잘 먹는 잡식성 동물이 놀아요.
- 부모의 긴 보살핌을 받는 젖먹이 동물이 놀아요.

이들 외에도 조류, 어류, 파충류, 무척추동물에 속하는 특정 종들에게서 놀이 행동이 나타난다고 알려져 있어요.

동물들의 놀이가 뭐예요?

미국의 동물행동학자인 고든 버가르트(Gordon M. Burghardt)는 동물들이 다음과 같이 행동할 때 놀이를 하는 거라고 했어요.

<u>첫째, 식사하고 잠자고 호흡하고 배설하는 행동은 생존과 바로 직결되지요. 하지만 놀이는 생존과 직접 연결되지는 않아요. 호흡은 끊기면 죽지만, 놀지 않는다고 바로 죽지는 않지요.</u>

<u>둘째, 놀이는 자발적으로 일어나는 행동이에요. 누가 '놀아!' 하고 시키지 않아도 스스로 놀지요.</u>

셋째, 놀이는 공격, 방어, 식사, 짝짓기 등과 비교하여 구조·시간적으로 불완전한 행동이에요. 예를 들어 암컷 사자들은 협동작전을 펼쳐 먹이를 사냥하고, 스컹크는 지독한 냄새가 나는 방귀를 뀌어 포식자를 방어하지요. 이처럼 동물마다 공격과 방어 행동을 어떻게 할지에 대한 구조가 있지요. 하지만 놀이는 이렇게 놀아야 한다는 짜임을 갖고 하는 행동은 아니에요.

넷째, 놀이 행동은 일정한 틀이나 형식에 엄격하게 고정되어 있지 않아요.

다섯째, 놀이는 병, 굶주림, 무리, 포식자로 인해 생기는 심각한 스트레스가 없을 때 시작하는 행동이에요. 몸이 아프거나 배가 고프면 놀이 행동은 보통 시작되지 않는답니다.

동물들은 언제 놀아요?

"지금은 놀고 싶지 않아."

여러분도 이런 마음이 생길 때가 있지요? 동물들도 아무 때나 노는 건 아니에요. 동물들은 배가 고파서 굶주리거나 생명을 위협하는 포식자가 주변에 있을 때는 놀지 않아요.

동물들은 환경에 따라 노는 시간도 달라요. 예를 들어 과일을 주로 먹는 다람쥐원숭이는 과일의 양이 적어 먹이를 찾는 시간이 길어지는 건기에는 놀이 시간이 줄고, 과일이 많아지는 우기에는 놀이 시간이 더 늘어나요. 버빗원숭이와 랑구르원숭이도 먹이, 서식지 같은 환경에 따라 놀이 시간이 달라져요. 북아메리카수달도 개구리, 물고기, 가재, 게 등의 먹이가 풍부하지 않으면 적게 놀지요.

동물들은 왜 놀아요?

"쓸데없이 놀기만 할 거야?"

열심히 놀다 보면 한 번쯤은 들어 본 이야기일 거예요. 그런데 놀이가 정말 쓸데없을까요? 동물들이 노는 이유를 살펴보면 그 해답을 찾을 수 있어요.

동물들은 오랜 시간 동안 살아남기 위해 <mark>진화</mark>의 과정을 거쳤어요. 그런데 그 진화 과정 중에도 동물들의 놀이 행동은 사라지지 않았어요. 놀이를 하다 보면 힘을 많이 쓰게 되고 종종 위험에 처하기도 하는데 말이에요.

진화
생물이 생명의 기원 이후부터 점진적으로 변해 가는 현상.

그 이유가 뭘까요? 놀이가 동물의 생존과 번식에 가져다주는 이익이 분명히 있기 때문일 거예요. 하지만 아직 놀이가 어떤 기능을 하는지 과학적으로 정확히 밝혀지진 않았어요. 왜냐하면 동물의 행동을 오랜 기간 관찰하고, 통계를 내는 일이 쉽지 않기 때문이에요. 전 세계의 많은 동물학자들이 동물의 놀이에 대해 행동학적, 신경학적, 진화학적인 여러 연구들을 하고 있지요.

그 이야기들을 같이 살펴보도록 해요.

아프리카자라는 공을 코로 밀며 놀아요

〈가설1〉
놀면서 어른이 되는 준비를 해요

어떤 동물학자들은 동물들이 어른이 되어 살아갈 때 필요한 기술을 미리 연습하는 게 놀이라고 말해요.

치타 새끼들은 자랄수록 웅크리고 숨는 놀이보다는 민첩하게 서로 쫓고 잡는 놀이를 주로 해요. 치타가 어른이 되어 사냥할 때 꼭 필요한 기술이지요. 이러한 치타 새끼들의 행동은 놀이가 특정한 부분의 발달에 영향을 끼치는 것을 보여주는 예이지요.

어린 치타들이 사냥 기술을 익히기 위해 놀고 있어요

<가설2>
사회생활을 잘하기 위해 놀아요

어떤 동물학자들은 동물들이 놀면서 사회생활에 필요한 기술을 익힌다고 말해요.

 사람은 어릴 때 잘 놀던 아이일수록 어른이 되었을 때 정서적으로 안정되고, 필요한 것을 효과적으로 얻으며, 협동을 잘한다고 해요. 동물들도 그렇지요.

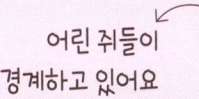
어린 쥐들이 경계하고 있어요

어렸을 때 놀이 경험이 부족했던 쥐들은 훗날 어른이 된 후 스트레스를 받았을 때, 상대에게 과잉 방어를 하거나 반대로 수동적인 태도를 보인 실험 결과가 있어요.

〈가설3〉
환경 변화에 잘 대처하기 위해 놀아요

동물학자들은 동물들의 놀이가 예측이 어려운 환경 변화에 잘 대처하게 하는 훈련이라고 말해요. 행동유연성과 비슷한 개념이지요.

일본원숭이의 놀이를 예로 들 수 있어요. 일본원숭이는 어릴 때 참 많이 노는 동물이에요. 일본원숭이 무리에게 흙이 묻은 고구마를 주었더니, 무리 중 젊은 암컷이 고구마를

행동유연성
동물이 내·외부 환경의 변화에 반응하여 유연하게 행동을 바꾸어 적응하는 것.

물에 씻어 먹었어요. 그 모습을 본 다른 일본원숭이들도 암컷의 행동을 따라 고구마를 씻어 먹었대요. 몇 년 후 일본원숭이 무리에게 모래가 섞인 밀을 주자, 암컷 일본원숭이가 그것을 바다에 뿌려서 모래는 가라앉고 물 위에 둥둥 뜬 밀만 분리해서 먹었어요. 이 행동은 곧 무리 전체로 퍼졌지요. 놀이를 좋아하는 일본원숭이가 환경 변화에 잘 대처한다는 것을 알 수 있어요.

장난감을 갖고 놀아요
_사물놀이

동물들도 사물을 이용해 여러 조작을 하며 놀아요. 사물을 밀고, 당기고, 올리고, 떨어뜨리고, 때리고, 물고, 긁고, 던지고, 잡으면서 놀지요. 이를 사물놀이(Object play)라고 해요.

이때 동물들이 갖고 노는 사물은 먹이와 같이 바로 이득이 주어지는 것은 아니어야 해요. 예를 들어 강아지들이 장난감을 잡고 흔들거나 침팬지가 나뭇가지를 갖고 노는 행동이 사물놀이지요.

동물들이 어릴 적 하는 사물놀이는 훗날 어른이 되어 먹이 사냥에 필요한 기술을 습득하고, 도구를 효율적으로 이용하는 데 영향을 주는 것으로 보여요.

몸을 움직이며 놀아요

_운동놀이

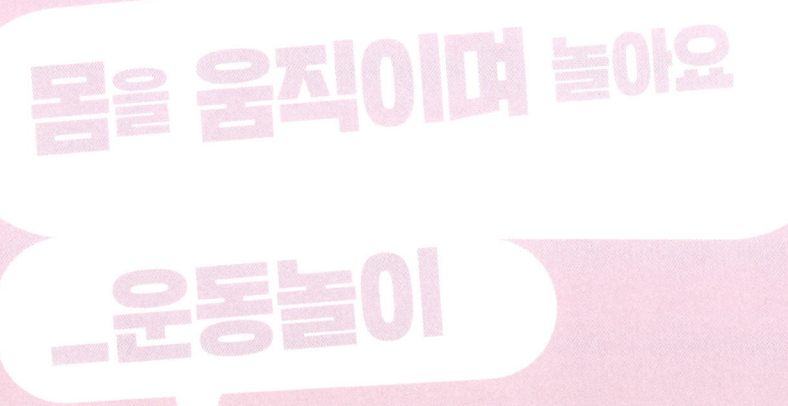

동물들이 혼자 달리거나 껑충껑충 뛰는 모습을 본 적이 있을 거예요. 예를 들어 사슴이나 말이 혼자 높이 뛰어오르고, 이리 저리 방향을 바꾸며 뛰는 것 말이에요. 이렇게 근육운동을 하는 행동을 운동놀이(Locomotor play)라고 해요.

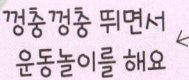
껑충껑충 뛰면서
운동놀이를 해요

운동놀이는 동물들의 소뇌에서 **시냅스**(Synapse)를 만드는데 매우 중요한 역할을 해요. 소뇌는 뇌의 한 부분으로 신체 운동을 정밀하게 제어하고 몸의 평형을 유지하는 기관이지요.

몸을 움직이며 노는 놀이가 단순한 운동으로 그치지 않고 뇌 발달에도 영향을 준다는 사실이 놀랍지요?

시냅스(Synapse)
한 신경세포(뉴런)와 다음 신경세포 사이의 접합 부위.

함께 놀아요
_사회놀이

어린 벨딩땅다람쥐들이 사회놀이를 해요

여러분은 혼자 놀 때와 여럿이 놀 때 중 언제가 더 즐거운가요?
동물들은 어미와 새끼, 어린 또래, 형제자매 등이 함께 놀기도 해요. 이를 사회놀이(Social play)라고 하지요. 사회놀이는 쫓기와 까꿍놀이처럼 몸이 서로 닿지 않게 노는 '비접촉놀이'와 거친 신체놀이와 싸움놀이 같은 '접촉놀이'로 나눌 수 있어요.

어린 벨딩땅다람쥐는 서로 쳐다보고, 얼싸안고, 약하게 몸을 깨물고, 앞발로 살짝 치고, 다른 친구의 몸을 뛰어넘거나, 올라타는 사회놀이를 즐기지요. 어릴 때 사회놀이에 많이 참여한 벨딩땅다람쥐일수록 커서 높은 곳에 잘 매달리고, 잘 앉아 있고, 균형을 잘 잡는다고 해요. 사회놀이가 동물의 운동 기술을 더 키운다는 걸 알 수 있지요.

약속을 지키며 놀아요
그리고 놀이 표시를 해요

친구들과 술래잡기할 때 나만 자꾸 술래가 되면 기분이 어떨까요? 무척 속상하겠지요? 동물들도 놀이를 할 때 공평하게 놀이 순서를 바꾸며 놀아요. 그리고 같이 노는 상대가 다치지 않게 조심하고, 놀이를 하기 전에 또는 노는 중간에 놀이 표시를 하지요. 놀이 표시를 통해 앞으로 하는 행동이 공격이 아니라 놀이임을 상대에게 알리는 거예요.

코요테는 이런 놀이 약속을 안 지키는 구성원은 다시는 놀이 무리에 끼어 주지 않아요.

놀이 표시는 동물마다 달라요. 침팬지는 입을 벌리고 웃는 '놀이 얼굴'을 보여 주는 게 놀이 표시지요. 곰은 상대의 입을 살짝 물어 놀이에 초대하는 '놀이 물기'를 하고, 놀이를 끝내고 싶으면 머리를 옆으로 돌리는 행동을 해요. 난쟁이 몽구스는 사회놀이를 하는 중간에 휘파람 같은 '놀이 발성'을 해요. 개과 동물들은 상대와 놀고 싶을 때 양 앞다리를 앞으로 뻗고 상반신을 바닥에 낮추는 '놀이 인사'를 하지요.

2장

영장류도 놀아요

긴팔기번이 나무 타기를 해요

영장류
사람, 침팬지, 보노보, 오랑우탄, 고릴라, 긴팔기번, 원숭이, 안경원숭이, 여우원숭이 등과 같이 물건을 잡을 수 있는 손과 발이 발달된 척추동물들.

영장류는 참 잘 놀아요

동물 중에서 가장 잘 노는 놀이 대장은 단연 영장류예요. 영장류는 나무 타기와 높은 나무에서 공중제비 돌기 등의 운동놀이, 나뭇가지와 돌 등을 갖고 노는 사물놀이, 쫓기와 서로 뒤엉켜 뒹굴기 등과 같은 사회놀이를 잘 하지요.

어린 영장류는 잠 다음으로 노는 데 많은 시간을 써요. 그리고 종, 연령, 성별에 따라 놀이 유형과 놀이 상대가 달라요. 아마도 종, 연령, 성별이 다르면 섭취하는 음식과 사회성, 뇌의 크기 등이 다르기 때문이지 않을까 추측하고 있어요.

특히 영장류 중에 손가락으로 서로의 옆구리를 간질이는 놀이, 사물을 가지고 무엇인가를 새로 만드는 구성놀이, 어미와 새끼 간의 가르침을 겸한 반복적인 놀이를 침팬지, 보노보, 고릴라, 오랑우탄은 잘해요.

어린 침팬지들이 함께 놀고 있어요

출처 : 위키피디아(CC BY-SA 3.0)

아프리카 우간다 키발레국립공원에 사는 어린 암컷 침팬지들이 엄마가 새끼를 돌보는 것처럼 막대기를 끼고 다녔어요. 과학자들은 약 14년의 연구 기간 동안 100번 이상 이런 모습을 볼 수 있었대요. 사육 중인 어린 침팬지들이 인형을 갖고 노는 것은 알고 있었지만, 야생에서는 처음 관찰한 일이었지요.

반면에 어린 수컷 침팬지들은 별로 이런 행동을 하지 않았어요. 사람처럼 침팬지도 성별에 따라 같은 사물이라도 다른 방식으로 갖고 노는 것 같아요.

탄자니아에서는 침팬지가 산의 경사면을 내려가면서 뒷걸음치며 나뭇잎을 끌어당긴 후, 모은 나뭇잎 더미 위를 걷거나 공중제비하며 노는 장면도 관찰됐지요.

→ 보노보는 접촉놀이를 많이 해요.

　어린 보노보뿐만 아니라 어른 보노보도 다양한 방법으로 잘 놀아요. 특히 어른 암컷끼리 서로 모여 접촉놀이를 많이 하고, 환경이 변하거나 서로의 관계가 바뀌면 놀이 방법을 유연하게 바꾼대요. 그런데 수컷은 암컷보다 놀이를 하는 모습이 덜 보여요.
　이런 차이가 암컷이 무리를 이끄는 지도자 역할을 하는 데 영향을 주는 것으로 추측하고 있어요.

고릴라는 여럿이서 술래잡기를 해요. 서로 놀이 신호를 보낸 다음에 한 고릴라가 다른 고릴라를 툭 치고 달려가면 달아난 고릴라를 쫓아 달려가 툭 치지요. 어린 고릴라가 사람 아이와 함께 동물원 유리창과 모형나무를 사이에 두고 숨바꼭질하는 모습이 촬영되기도 했어요.

서부로랜드고릴라는 아주 어릴 때 또래보다 어미랑 더 많이 놀아요. 어미가 새끼와 비행기 태우기를 하며 놀아 주는 모습은 정말 사람 같아요. 그리고 좀 더 크면 어미보다는 또래들과 어울려 접촉놀이를 해요.

싸움놀이를 세게 할 때는 약하게 놀 때에 비해 이빨을 덮고 웃는 놀이 얼굴(play face)과 이를 드러내고 웃는 놀이 얼굴(Fully play face)을 더 많이 섞어 하면서 놀지요. 혼자 놀 때는 운동놀이보다 사물놀이를 더 많이 해요.

오랑우탄은 서로 놀이 얼굴을 따라 해요

서로 마주 보며 놀이 얼굴을 해요

오랑우탄은 놀 때 입을 열고 웃는 놀이 얼굴을 서로 따라 해요. 인도네시아 보르네오섬에 사는 오랑우탄은 함께 노는 놀이 상대가 놀이 얼굴을 지으면 1초 안에 재빨리 흉내 내지요.

　사람이 아닌 포유류가 무의식적으로 재빠르게 상대방의 얼굴을 흉내 낸다는 것을 알게 된 첫 번째 사례예요. 오랑우탄도 우리 사람처럼 상대의 감정에 전염되고 공감할 수 있다는 거지요.
　에티오피아 고산지대에 사는 겔라다개코원숭이도 놀이 중에 상대의 얼굴을 빠르게 흉내 내는 모습이 관찰됐어요.

다람쥐원숭이는 놀 때 내는 소리가 따로 있어요

다람쥐원숭이는 아마존 열대우림의 나무 위에서 500마리에 달하는 무리가 모여 살아요. ==맹금류==, 뱀, 고양이과 동물 같은 포식자가 나타나면 방어하는 경계음을 내는 습성이 있어요.

다람쥐원숭이들이 모여 놀고 있어요

> **맹금류**
> 매, 독수리, 올빼미, 부엉이처럼 날카로운 부리와 발톱이 있는 육식성 새들.

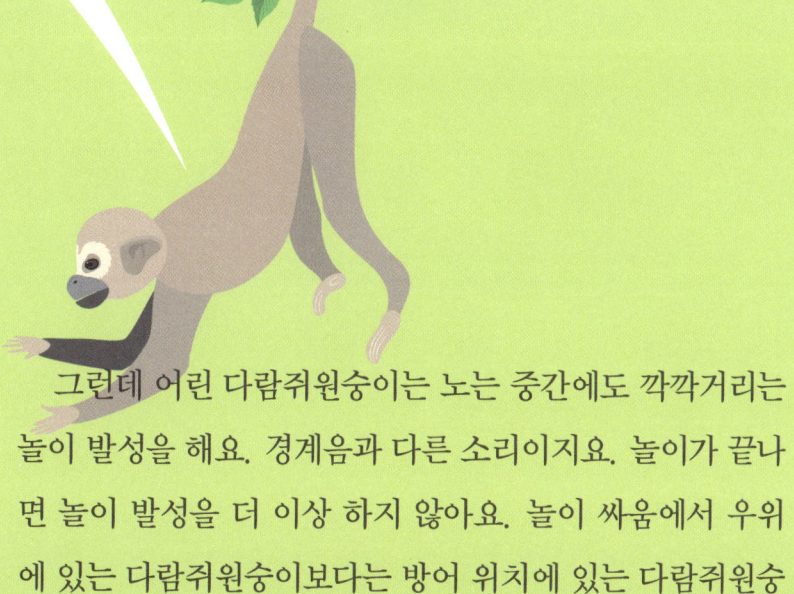

 그런데 어린 다람쥐원숭이는 노는 중간에도 깍깍거리는 놀이 발성을 해요. 경계음과 다른 소리이지요. 놀이가 끝나면 놀이 발성을 더 이상 하지 않아요. 놀이 싸움에서 우위에 있는 다람쥐원숭이보다는 방어 위치에 있는 다람쥐원숭이가 놀이 발성을 더 자주 해요.
 놀이 발성은 놀이 상대에게만 들릴 정도가 아니라 더 크게 하는데, 이는 주변에 있는 같은 종의 어른들에게 지금 하는 행동이 놀이임을 알리기 위한 것으로 추측하고 있어요.

일본원숭이는 눈싸움을 해요

일본 원숭이가 눈싸움을 하며 놀아요

일본원숭이는 일본에만 사는 특산종이에요. 일 년에 몇 개월씩 눈이 오는 곳에 살기 때문에 눈원숭이라고도 불러요. 눈밭 가운데 온천에서 몸을 담그고 있는 원숭이들이 바로 일본원숭이에요.

겨울에 우리들이 눈싸움을 하는 것처럼 일본원숭이들도 눈밭에서 눈 뭉치를 굴리고, 눈을 서로에게 던지며 눈싸움을 해요. 돌멩이를 하나둘씩 주워와 서로 부딪치며 놀거나, 차근차근 쌓았다가 다시 부수며 놀기도 하지요.

두 살 된 수컷 일본원숭이는 비슷한 또래의 수컷들과 놀기 좋아하지만, 암컷은 성별과 관계없이 모든 연령대의 일본원숭이와 잘 놀아요.

특산종
어떤 지역에서만 특별히 나는 생물종.

다른
포유류도
놀아요

돌고래는 물 도넛을 만들며 놀아요

돌고래는 분수공으로 물방울을 큰 도넛처럼 만들어 놀아요. 주둥이로 물 도넛을 잡아 깨트리기도 하고, 두 개로 합치거나 나누기도 해요. 물 도넛을 통과하는 놀이도 하지요.

그리고 돌고래는 ==바닷말==, 거북이, 해파리 등의 다른 생물을 갖고 놀아요. 바닷말을 지느러미에 걸치고 다니기도 하고, 동료들과 지느러미로 서로 주고받는 놀이도 해요.

혼자 또는 동료들과 물 위로 힘차게 뛰어올라 물보라를 일으키거나, 파도타기 같은 놀이를 하지요.

돌고래들이 남아프리카 공화국의 해안에서 파도타기를 하고 있어요

돌고래는 전 연령대에 걸쳐 활발히 놀아요. 놀이 상대는 어미, 비슷한 연령대의 다른 어린 돌고래, 더 나이 든 돌고래 순으로 점점 바뀌지요. 어린 돌고래는 놀이를 통해 짝짓기, 사냥할 때 하는 운동 기술을 완벽히 익히고, 사회성을 기르고, 집단의 다른 돌고래의 성격에 대한 정보를 얻어요.

바닷말
미역, 다시마, 모자반, 우뭇가사리, 청각 등.

수달은 미끄럼을 타며 놀아요

북아메리카수달은 진흙이나 눈 위에서 미끄럼을 타며 놀기도 해요. 이런 행동을 놀이가 아니라 이동 행동으로 볼 수도 있어요. 하지만 한 번이 아니라 반복적으로 미끄럼을 타는 행동은 이동이라기보다는 놀이로 보는 게 맞겠죠? 우리나라에 사는 수달도 저수지 둑에서 여러 차례 반복해서 미끄럼을 타며 노는 모습이 관찰됐어요.

북아메리카수달이 눈 위에서 미끄럼을 타고 있어요

북아메리카수달은 주로 레슬링을 하거나 쫓는 놀이를 많이 해요. 어른 북아메리카수달도 레슬링을 자주 하는데, 새끼를 양육할 때는 횟수가 좀 줄어들어요.

북극곰은 가을에 싸움놀이를 해요

북극곰은 얼음이 얼기 전인 가을에 주로 싸움놀이를 해요. 다 큰 수컷은 보통 혼자 생활하는데, 가끔 함께 모여 몇 시간씩 놀고 서로 붙어 자기도 하지요.

청소년기의 북극곰들이 싸움놀이를 하고 있어요

출처 : 위키피디아(CC BY-SA 3.0)

캐나다 처칠(Churchill)에서는 북극곰과 에스키모 개가 10일 연속 레슬링을 하며 노는 행동이 관찰됐어요. 그러나 이런 행동이 일반적이지는 않아요. 대다수 북극곰은 개를 만나면 공격을 하거든요.

코끼리는 코로 씨름을 해요

아프리카코끼리는 40~50가지의 놀이를 하는 것으로 밝혀졌어요. 아프리카코끼리는 상아를 땅에 대거나, 머리를 뒤로 젖히면서 코를 상아 위로 말아 올려 상대를 놀이에 초대해요. 전 연령대에 걸쳐 암수 모두 놀며, 나이와 성별에 따라 놀이 방법이 다르지요.

5개월 된 아시아코끼리가 17개월 된 사촌과 함께 코로 씨름을 하며 놀고 있어요

출처 : 위키피디아(CC BY-SA 3.0)

　　아프리카코끼리는 코, 입, 송곳니, 발을 이용해 나뭇가지나 풀 뭉치 등을 탐색하고 던지고 굴리는 사물놀이를 해요. 이러한 놀이는 전 연령대에 걸쳐 하지만 주로 어른일 때 많이 하지요.

　　트럼펫 소리를 내며 달리거나 머리를 흔들고 진흙, 물 등에서 **자맥질**하거나 구르고 올라타고 쫓는 운동놀이도 많이 해요.

　　또한 서로 몸을 문지르고 코를 말고 씨름하는 사회놀이도 해요. 아프리카코끼리는 태어난 첫해에는 더 나이가 많은 코끼리와 부드러운 접촉놀이를 해요. 청소년기가 되면 혼자 노는 경우는 거의 없고, 주로 또래들과 격렬한 접촉놀이를 하지요.

자맥질
물속에서 팔다리를 놀리며 떴다 잠겼다 하는 것.

시궁쥐는 거친 신체놀이를 해요

 시궁쥐는 혼자 놀기도 하지만, 다른 시궁쥐들과 팔짝 뛰기, 쫓기, 구르기, 물기, 권투로 조합된 싸움놀이도 잘 해요. 목 뒤쪽을 공격하고 방어하는 싸움놀이는 수컷이 암컷보다 더 많이 참여하는데, 이는 '테스토스테론'이라는 남성 호르몬과 긴밀한 관련이 있는 것으로 밝혀졌어요.
 시궁쥐는 한참 거친 신체놀이를 하면서 찍찍거리는 소리(Chirping)를 내기도 해요. 이 소리는 짧고 높은 진동수를 갖지요. 이 소리를 낼 때 시궁쥐의 대뇌에 있는 유전자가 많이 활성화되지요. 쥐가 노는 동안 뇌의 많은 부분을 사용함을 의미한답니다.

진동수
전파나 음파가 1초 동안에 반복해서 변하는 횟수.

캥거루는 앞발로 서로를 툭툭 치며 권투를 하는 것 같은 싸움놀이를 해요. 놀이 상대의 나이에 따라 툭툭 치는 힘을 조절해요. 상대가 자기보다 어리면 앞발로 살살 치고 방어를 많이 하지요.

캥거루가 권투놀이를 하는 이유는 어른이 됐을 때 진짜 싸움하는 데 필요한 기술을 배우는 것으로 보여요. 캥거루 어른 수컷들은 꼬리로 중심을 잡고 뒷발로 상대를 치면서 싸워요. 이런 행동은 놀이가 아니라 영역을 지키고 짝짓기 할 암컷을 얻기 위한 행동이에요.

캥거루가 앞발로 툭툭 치며 놀고 있어요

조류도
놀아요

새들도 놀아요

<u>젖먹이동물뿐만 아니라 새들도 놀아요. 앵무류, 까마귀류, 맹금류, 딱따구리류 등의 새들은 운동놀이, 사물놀이, 사회놀이를 해요. 특히 케아앵무와 큰까마귀는 영장류만큼 복잡한 놀이를 하는 것으로 유명해요.</u>

어린 새뿐만 아니라 어른 새들도 공중에서 날고 나뭇가지에 매달리는 운동놀이를 해요. 하지만, 포유류에 비해 운동놀이를 자주 하는 편은 아니에요.

주로 어린 새들은 나뭇가지, 막대기, 잎, 돌 등을 서로 주고받고, 흔들고, 구멍을 뚫는 사물놀이를 해요. 이 놀이 방법은 어린 육식 포유류의 놀이와 비슷해요. 새는 놀이 유형 중에서 사물놀이를 가장 많이 하지요.

그리고 포유류처럼 싸움놀이와 쫓기 같은 사회놀이도 해요. 앵무는 사회놀이를 할 때 장시간 부드러운 목구멍소리를 내고, 통통 튀는 걸음걸이로 부리를 벌린 자세를 취하는데, 연구자들은 이 행동을 새들의 놀이 신호로 추측하고 있어요.

큰까마귀는 장난감을 만들어 놀아요

큰까마귀는 다양하게 놀아요.
어린 큰까마귀는 동료들과 사물을 숨겼다가 찾는 놀이, 사물을 놓았다가 다시 잡는놀이, 줄다리기도 해요. 아직 날 수 없는 어린 새들이 둥지 안에서 둥지의 나뭇가지로 함께 조작놀이를 하는 모습도 관찰됐어요. 큰까마귀는 잔가지를 꺾어 장난감을 만들며, 접하는 모든 종류의 새로운 사물들을 갖고 놀 정도예요.

어린 큰까마귀는 부리나 발로 나뭇가지나 줄을 붙잡고 거꾸로 매달리거나, 경사면을 미끄러져 내려오고, 눈을 밀고 뒤엎는 운동놀이를 해요. 눈이 쌓인 지붕에서 작은 플라스틱 원반을 스노보드처럼 타는 큰까마귀가 촬영되기도 했어요. 또한 여러 마리가 공중에서 서로 발톱을 걸거나 고리 모양을 만드는 곡예비행도 하지요.

케아앵무는 자동차를 갖고 놀아요

케아앵무는 뉴질랜드 남섬에만 사는 앵무예요. 지능이 높고 호기심 많고 장난기 넘치는 새지요. 자동차의 와이퍼와 고무패킹을 빼거나, 집의 빗물 홈통을 부수고, TV 안테나를 흔들거나, 타이어 공기를 빼며 놀아요. 이런 행동을 놀이로 보는 이유는 먹이, 생식 등과 직접적인 관계가 없기 때문이에요.

케아앵무가 차 앞 유리의 고무 패킹을 부리로 빼며 노는 모습이에요

케아앵무는 부리를 물며 당기고, 점프하고, 날개를 펄럭이고, 소리 지르면서 등을 대고 구르고, 발을 흔드는 몸싸움 놀이(Tussle play)를 하는데, 이런 모습은 설치류의 싸움놀이와 비슷해요. 또한 서로 물건을 살짝 던지거나 교환하는 던지기 놀이(Toss play)도 하는데, 이 놀이는 어린 암컷보다 수컷이 더 많이 하지요.

설치류 쥐류.

어린 작은잿빛개구리매는 던지기 놀이를 해요

막 날기 시작한 어린 작은잿빛개구리매는 먹이나 사물을 공중에서 놓았다가 다시 잡는 놀이를 해요. 주로 어미새가 돌볼 수 있는 영역 안에서 이루어지는 놀이지요. 이때 갖고 노는 사물은 작은잿빛개구리매의 먹이인 유라시아밭쥐와 비슷한 길이의 이끼 덩이, 건초 뭉치, 막대기, **펠릿** 등이에요.

어린 작은잿빛개구리매의 놀이에는 가끔 어른 새도 참여하는데, 수컷이 암컷보다 두 배 정도 더 자주 놀아 준대요.

펠릿
새들이 토해낸 소화되지 않은 먹이 덩어리로 주로 벌레 외골격, 뼈, 깃털, 이빨 등이 들어있다.

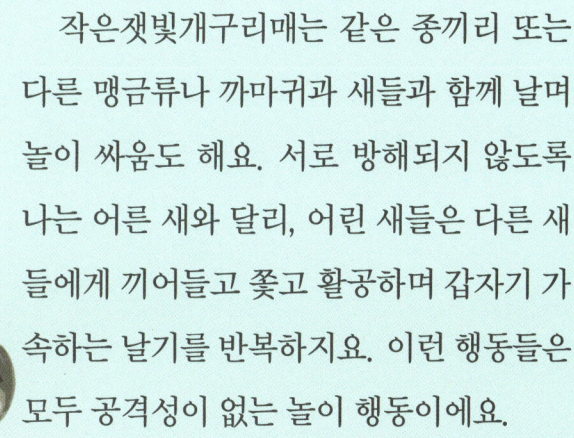

작은잿빛개구리매는 같은 종끼리 또는 다른 맹금류나 까마귀과 새들과 함께 날며 놀이 싸움도 해요. 서로 방해되지 않도록 나는 어른 새와 달리, 어린 새들은 다른 새들에게 끼어들고 쫓고 활공하며 갑자기 가속하는 날기를 반복하지요. 이런 행동들은 모두 공격성이 없는 놀이 행동이에요.

유럽재갈매기는 도전을 즐겨요

유럽재갈매기는 조개를 부리로 물고 올라갔다가 딱딱한 바닥으로 떨어트려 깨서 먹어요. 그런데 연구자들은 유럽재갈매기들이 조개뿐만 아니라 다른 사물들도 놓았다가 다시 부리로 잡아 올리고 떨어뜨리는 행동을 하는 것을 발견했어요. 더욱이 유럽재갈매기들은 사물을 딱딱한 바닥이 아니라 부드러운 바닥에 떨어뜨렸어요. 바로 놀이를 하는 것이었지요.

바람이 많이 부는 날에 연이 더 잘 날리듯이 유럽재갈매기도 바람이 더 많이 불 때 이 놀이를 더 많이 해요. 또 스트레스를 덜 받는 따뜻한 날에 이런 놀이를 더 자주 한대요.

5장

파충류, 어류, 무척추동물도 놀아요

코모도왕도마뱀은 사육사와 줄다리기를 해요

미국 국립동물원에는 '크라켄(Kracken)'이라는 이름의 코모도왕도마뱀 암컷이 살고 있어요. 크라켄은 양동이, 담요, 신발, 상자, 얇은 플라스틱 원반을 갖고 놀고, 손수건이나 깡통으로 친한 사육사와 줄다리기를 했대요.

연구자들은 크라켄이 하는 행동들이 놀이임을 확인하기 위해, 쥐의 피가 묻은 고리와 피가 안 묻은 고리를 크라켄에게 주었어요. 쥐는 크라켄이 주로 먹는 먹이예요.

코모도왕도마뱀이에요

그랬더니 크라켄은 피가 묻은 고리는 먹이를 먹을 때처럼 삼키려 하고, 이빨로 먹이를 강타하며, 다가간 사육사에게도 위협을 가했어요. 반면에 피가 묻지 않은 고리는 신에 넣거나 살살 미는 행동을 했어요. 마치 강아지들이 하는 것처럼요. 코모도왕도마뱀 '크라켄'이 다양한 장난감을 갖고 논다는 사실을 확인할 수 있었지요.

하얀점시클리드는 온도계를 갖고 놀아요

하얀점시클리드는 동아프리카 탕가니카 호수에만 사는 고유종 민물고기예요. 돌무더기가 많은 구역에 머물면서 돌에 붙은 조류를 먹고살지요. 사람들은 이 물고기를 관상어로도 키워요.

수조에서 키우던 하얀점시클리드 수컷이 온도계로 사물 놀이를 하는 것이 관찰됐어요. 이 하얀점시클리드 수컷은 물에 떠오른 온도계에 덤벼들어 온도계를 꼼짝 못 움직이게 했다가 다시 제자리로 돌려놓기를 반복적으로 했지요. 이런 행동은 먹이나 다른 물고기, 짝짓기 행동과 관계가 없으므로 놀이라고 할 수 있어요.

무척추동물인 문어도 놀아요

문어는 매우 지능이 높은 동물이에요. 미로를 통과하고, 모양과 무늬도 구분할 수 있지요.

수조에 사는 대문어가 사물을 가지고 노는 모습이 관찰됐어요. 대문어는 물에 떠 있는 장난감에 물을 쏴서 수조의 입구 쪽으로 보내는 놀이를 반복적으로 5분 이상 지속했어요.

몸집이 작은 참문어는 먹이, 성별, 연령에 관계없이 줄에 매달린 병, 레고 블록을 갖고 노는 모습이 관찰됐지요.

카리브암초문어는 물 위에 떠오른 비중계를 잡고 내리거나 놓아버리는 놀이와 다리 사이에 공기를 모아 수조 위로 떠오르는 놀이를 반복적으로 했대요.

6장

동물들도
잘 놀고
싶어요

몸과 마음이 아파요

스트레스를 받은 동물은 같은 자리를 계속 왔다 갔다 하는 반복 행동을 하거나, 자신의 배설물을 먹거나 털을 뽑는 자기 학대 행위를 해요. 또한 하루 종일 누워서 잠만 자는 무기력한 행동도 하지요. 이런 행동들을 '정형행동(Stereotypy)'이라고 해요. 제한된 공간에서 부족한 자극으로 인해 동물들의 몸과 마음이 아프게 되는 거지요.

백화점 옥상 동물원에 살던 꽃사슴 '라라'가 정형행동을 보여요

그래서 동물원, 수족관 등 동물을 사육하는 곳에서는 동물의 정형행동을 감소시키고자 서식지 풍부화, 먹이 풍부화, 인지 풍부화, 놀이 풍부화 등과 같은 '행동 풍부화(Behavioral enrichment)' 프로그램을 진행하기도 해요.

행동 풍부화를 성공하려면 동물 종 각각의 특이적 행동을 표출할 수 있는 기회가 다양해야 해요. 동물은 건강한 정신일 때 정상적인 행동을 하지요. 더구나 동물은 건강할 때 놀아요. 놀면서 직접적인 또는 잠재적인 정신·신체상 혜택 또한 얻지요.

동물원 관람객들은 코끼리가 코를 계속 흔드는 행동을 보고 춤을 춘다고 오해하기 쉬워요. 하지만 야생코끼리는 이런 행동을 하지 않아요. 우리가 동물들의 행동을 잘 알아야 그들이 건강한지, 아픈지를 알고 관심을 쏟고 대책을 세울 수 있겠지요.

사람은 동물과 친구가 되기도 하고, 가족처럼 여기며 평생을 살기도 하지요. 이처럼 우리의 삶과 긴밀한 관계를 맺고 있는 반려동물, 농장동물, 전시동물 등의 '참살이(well-being)'를 위해 놀이는 정말 필요해요.

미국 국립동물원에 사는 '돼지얼굴(Pigface)'이라는 이름의 아프리카자라 수컷은 막대기, 공, 후프, 호스 등의 사물을 코로 밀며 천천히 앞으로 나아가고, 밀고 당기며, 흔들고, 앞발로 잡으면서 놀아요. 때로는 수직으로 서 있는 후프를 통과하며 놀기도 하지요. 이 아프리카자라는 활동하는 시간의 31%를 사물을 갖고 놀았어요.

이 아프리카자라도 사물놀이를 하기 전에는 자신의 팔다리나 목을 긁는 버릇이 있었대요. 그런데 놀면서 이 버릇이 싹 없어졌다고 해요. 그리고 마치 우리들이 새 장난감을 처음에는 많이 갖고 놀다가 어느 정도 시간이 지나면 안 갖고 노는 것처럼, 이 아프리카자라도 계속 사육장에 있는 사물에는 흥미를 잃고 안 가지고 놀았대요.

동물 복지를 위해 노력해요

동물 복지(Animal welfare)는 사람이 동물에 미치는 고통이나 스트레스 등을 최소화하여, 동물들이 건강한 몸과 행복한 마음으로 살 수 있게 하는 것을 말해요. 일반적인 동물 복지는 수명, 질병, 면역, 행동, 생리학, 그리고 생식 등으로 평가해요. 동물의 놀이도 동물 복지의 잠재적 지표로 볼 수 있어요. 왜냐하면 동물은 대부분 건강할 때 놀고, 놀면서 즐거운 감정을 경험하기 때문이에요.

==세계동물보건기구==(OIE: Office International des Epizooties)에서는 '동물 복지 다섯 가지 원칙'을 제시했어요. 동물의 복지를 위해서 이 다섯 가지가 반드시 주어져야 해요.

첫째, 배고픔, 목마름, 영양부족으로부터의 자유
둘째, 두려움과 괴롭힘으로부터의 자유
셋째, 열 스트레스와 신체적 불편함으로부터의 자유
넷째, 고통, 부상, 질병으로부터의 자유
다섯째, 정상적인 행동양식을 표현할 자유

==세계동물보건기구(OIE: Office International des Epizooties)==
국제수역사무국으로도 불리며, 가축위생과 동물 복지 증진을 위해 설립된 국제기구.

동물 복지를 위해 실천해요

우리나라에도 '동물 복지 축산농장 인증제'가 있어요. 닭, 오리, 돼지와 같은 농장 동물을 공장식 축산환경에서 사육하지 않고, 동물의 5대 자유를 보장하는 기준에 따라 동물을 사육하는 농장에 대해 농림축산식품부가 인증하는 제도이지요. 인증농장에서 생산되는 축산물에는 동물 복지 인증마크를 표시할 수 있어요. 달걀, 돼지고기, 닭고기를 살 때 동물 복지 인증마크가 있는 제품을 사는 행동도 동물을 위한 작은 노력이에요.

↳ 동물 복지 인증마크

서울시가 선포한 '관람·체험·공연 동물 복지 기준'에는 동물 수급, 종 관리, 사육 환경, 동물 영양, 적정한 수의학적 처치, 안전, 복지 프로그램, 동물 복지 윤리위원회 운영 등의 내용이 포함돼 있어요.

서울동물원은 돌고래 공연을 하며 좁은 공간에서 지내던 남방큰돌고래를 제주 바다에 방사했지요. 방사된 개체들 대부분 야생 돌고래 무리와 합류하여 건강하게 지내고 있는 모습이 확인됐어요.

동물 복지를 위해 생각해요

초등학생들이 동물 복지에 대한 강의를 듣고 그린 그림이에요. 책을 읽은 여러분도 동물의 놀이와 복지에 대해 생각해 보고 포스터를 그려보세요.

→ 김민성

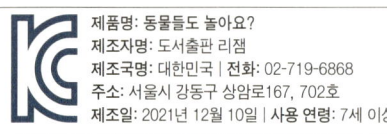

제품명: 동물들도 놀아요?
제조자명: 도서출판 리잼
제조국명: 대한민국 | **전화**: 02-719-6868
주소: 서울시 강동구 상암로167, 702호
제조일: 2021년 12월 10일 | **사용 연령**: 7세 이상

• KC마크는 이 제품이 공통안전기준에 적합하였음을 의미합니다.
⚠ 주의 아이들이 책의 모서리에 다치지 않게 주의하세요.

어린이 생명 이야기 ❸

동물들도 놀아요?

1판 1쇄 발행 2020년 5월 25일
1판 2쇄 발행 2021년 12월 10일

글쓴이 서수연 | **그린이** 이현주, 박상현, 백장미, 송해니, 김현정, 이슬예리 | **감수** 장이권
펴낸이 안성호 | **편집** 조경민 이준경 | **디자인** 이보옥
펴낸곳 리잼 | **출판등록** 2005년 8월 9일 제 313-2005-000176호
주소 05307 서울시 강동구 상암로 167, 7층 702호
대표전화 02-719-6868 **팩스** 02-719-6262
홈페이지 www.rejam.co.kr **전자우편** iezzb@hanmail.net

ⓒ서수연 ⓒ이현주, 박상현, 백장미, 송해니, 김현정, 이슬예리

• 잘못 만들어진 책은 바꾸어 드립니다.
• 이 책의 무단 복제와 전재를 금합니다.
• 책값은 뒤표지에 표시되어 있습니다.

「이 도서의 국립중앙도서관 출판예정도서목록(CIP)은 서지정보유통지원시스템 홈페이지(http://seoji.nl.go.kr)와
국가자료종합목록 구축시스템(http://kolis-net.nl.go.kr)에서 이용하실 수 있습니다.
(CIP제어번호 : CIP2020015833)」

ISBN 979-11-87643-81-4(74490)
       979-11-87643-29-6(세트)